"Las motos y los moteros"

Como ir en moto para no caerse o caerse poco

El divertido libro de la moto para todos aquellos que necesitan circular en moto, profesionales de la motocicleta y moteros y "motards" en general.

AUTOR: José Luis Mazón Tirapo

ÍNDICE

SINOPSIS:

Este divertido y ameno libro pretende profundizar en los conocimientos y comportamientos que TODOS los conductores de motos deben saber para circular, en el día a día, por las calles y carreteras habituales ya que hay otros muchos libros orientados a un manejo deportivo, de competición o de técnicas de conducción más exigentes.

En su fácil y comprensible lectura vamos a reafirmar algunas cosas que sabemos pero tal vez de forma incompleta y al mismo tiempo ACCEDEREMOS A INNOVACIONES Y NUEVAS VISIONES DEL MOTORISMO.

Con este libro se aspira a que el motorista adquiera un criterio y una manera de ver la conducción de la moto, en un solo conjunto. Técnicas, opiniones y tendencias han ido evolucionando y nos permiten saber el POR QUÉ de todas aquellas cosas que nos van a garantizar la seguridad y la eficacia en la conducción de las motocicletas.

Vamos a seguir fielmente los llamados Principios Fundamentales de la Circulación que son la SEGURIDAD y también la FLUIDEZ.

Queremos llegar pronto a los sitios pero evidentemente con la mayor seguridad.

joseluismazontirapo@gmail.com

INTRODUCCIÓN

El sentido que tiene este libro es darle al usuario de motocicleta garantía de que la idea qe tiene sobre el "mundo" de la moto es la auténtica. En ocasiones le confirmaremos y en otras le aclararemos y explicaremos conceptos y comportamientos de quienes vamos en moto.

Queremos eliminar los prejuicios y en una lectura breve aprender, aquellas cosas de las que "hemos oído campanas", pero sin la certeza de que estemos haciéndolo bien por no haber tenido la oportunidad de que alguien nos lo haya explicado a fondo.

El objetivo que buscamos es que al terminar la lectura seas un motorista más completo y tengas esa seguridad que nos da el saber que las cosas son así por una razón investigada y demostrada y no sólo porque las vemos hacer a otros.

Hemos de participar en el "mundo" de la moto aportando una actitud optimista para que nos encontremos en él con agrado y circulemos con satisfacción y alegría valorando todo lo que de positivo nos da el gratificante mundo de la moto.

La motocicleta

En Europa en los años 30 del siglo pasado, se vio la gran utilidad que tenía una bicicleta con un motor acoplado y que resultaba tremendamente útil para desplazarse por caminos estrechos con mayor rapidez que a pie, que en bicicleta normal o también hasta entonces en una montura, por lo que alcanzó un elevado puesto en lo que representaban las comunicaciones (reparto de correo y paquetes) entre localidades próximas o en períodos de guerra recorriendo el frente (Guerra Civil Española en 1936-1939 y Segunda Guerra Mundial en 1939-1945).

Posteriormente, en la postguerra, a pesar de que su conducción implicaba un riesgo evidente, resultó muy práctica y económica como medio de transporte para los obreros fabriles a la vez que fue evolucionando hasta convertirse en un medio de expresión de la juventud de los años 60, durante los cuales la usaron mucho los estudiantes de las grandes ciudades para desplazarse con agilidad de unos barrios a otros.

En Estados Unidos la visión fue otra predominando los largos recorridos por las inacabables y solitarias carreteras que atraviesan vastas extensiones, sobre todo, en los estados de Arizona, Nuevo México, California, etcétera.

Ya tenemos planteadas, pues, las dos filosofías en el mundo de la motocicleta:

- la europea eminentemente práctica, que busca la economía y la agilidad para llegar a los sitios aun por caminos sinuosos y difíciles.

- la estadounidense que se revela como viajera de largo recorrido, a velocidad constante, con exigencias de gran resistencia a sus motores para soportar los largos períodos de marcha.

Pero nosotros entendemos que ACTUALMENTE hay que estudiar el fenómeno de la moto en un plano de multifunción: deportiva, ocio y diversión, transporte urbano y el que vamos a analizar que es el de su utilización por las VÍAS PÚBLICAS estén ubicadas en el medio rural, en vías interurbanas o vías urbanas.

La erótica de la moto

La primera vez que escuché que se podía hablar de la ERÓTICA DE LA MOTO fue en el año 1973 como alumno que fui del curso de Formador de Formación Vial en CNAE a mi brillante profesor de Psicología de la U.N.E.D. cuando nos impartía la asignatura de Psicología Aplicada a la Circulación vial.

Sostenía él, que la imagen del motorista o la motorista, sentado en actitud de atención al frente, representaba una figura lo suficientemente atractiva como para que se diese la doble circunstancia de que a quienes le contemplan les parece

ATRACTIVO y el propio motorista tiene el convencimiento de que verdaderamente está resultando ATRACTIVO al resto de los usuarios de la vía que lo miran.

Las connotaciones de atractivo sexual no son relevantes cuando hablamos de ERÓTICA como algo estéticamente agradable, que se asocia además a sensación de fuerza, poder, agilidad, completado habitualmente con el ATUENDO cuasi deportivo que hace sentir al motorista que es alguien ESPECIAL (al menos más especial que cuando no conduce la moto) y también quienes lo observan ven en él o ella a alguien ESPECIAL.

¿Es por la gran diferencia entre la MOTO y el resto de los vehículos que se le considera ESPECIAL al motorista? Probablemente sí.

Este gusto por ser reconocido por los demás fue una razón que dificultaba la implantación y el cumplimiento de la norma de utilizar el casco obligatoriamente. CUANDO ALGUIEN SE PONE EL CASCO PASA DIRECTAMENTE AL ANONIMATO.

Finalmente llegamos a una conclusión: que el uso de la moto ha de corresponder a otras motivaciones de índole práctica, pero su conducción no debe estar justificada por la única necesidad de destacar, SER ESPECIAL entre los demás, puesto que hay otros valores más loables (trabajo, esfuerzo, estudio, capacidad profesional, etc.) para sentir AUTOESTIMA sin que tengamos que recurrir a la posesión de una MÁQUINA "IMPRESIONANTE" para ello.

Consideraciones filosóficas de la conducción de moto

Sin temor a resultar pedantes, puesto que no pretende este libro convertirse en un grueso tratado que busque polémica, decimos que es necesario preguntarse el PORQUÉ de la moto, el PARA QUÉ, el de DÓNDE VIENE y a DÓNDE VA.

En general existen inconfesables razones por las que nos inclinamos a la práctica de determinadas actividades y así encontramos desviaciones en aficiones muy nobles pero que llevadas al límite o fuera de contexto resultan no sólo inapropiadas sino incluso delictivas algunas veces. Ejemplos: la caza furtiva es una actividad viciada del noble arte cinegético; los "hooligan" son unos activistas fanáticos que desprestigian a los buenos aficionados al fútbol. Por lo tanto, no es deseable que el uso de la moto sea inadecuado en las vías públicas por conducirla de una forma que, por el contrario, sí estaría bien hecho en un circuito de velocidad.

POR QUÉ surge la necesidad de conducir motos:

Porque tiene un componente práctico pero, no lo negamos, también un fuerte componente LÚDICO del que carece el resto de vehículos cuando los conducimos.

PARA QUÉ conducimos motos en lugar de otros vehículos:

Para llegar pronto a nuestro destino puesto que es más ágil que los de mayor envergadura y pasa por lugares más estrechos (esto puede hacer caer en la tentación de cometer infracciones subiendo a las aceras puntualmente, etcétera).

Para poder estacionar con facilidad cuando se utiliza en núcleos urbanos, sobre todo si tenemos que hacer frecuentes recorridos con múltiples destinos a lo largo del día.

Para que el costo del mantenimiento y el consumo sea mínimo y, si atendemos a la cada vez más creciente cantidad de personas concienciadas con el MEDIO AMBIENTE, para contaminar menos y contribuir al buen funcionamiento del Planeta.

DE DÓNDE VIENE:

Viene del éxito comprobado de la aparición de la bicicleta y que con la implantación del motor evoluciona de una forma absolutamente progresiva y LÓGICA.

A DÓNDE VA:

Va a un desarrollo y popularización cada vez mayor, potenciado por la DIVERSIFICACIÓN de modelos ideados para diferentes usos según las distintas finalidades a las que quieran destinarlas sus usuarios. Hemos hecho anteriormente referencia a la circulación eminentemente URBANA, pero también hay quienes se circunscriben casi exclusivamente a las motos para viajar y son empleadas fundamentalmente en vías interurbanas bien sea para recorridos por carreteras convencionales o bien para más largos recorridos por autopista. En otros casos se utilizará sólo para recorridos por sendas y pistas forestales, etcétera.

DE ESTE ANÁLISIS SE DESPRENDE QUE HAY QUE FORMAR EN SU INTEGRIDAD A SUS CONDUCTORES puesto que la moto VA A IR A MÁS y con muy diversos usos.

Consideraciones históricas de la conducción de la moto

La MONTURA, para el ser humano, representó un avance enorme en el área del TRABAJO AGRÍCOLA, de la CAZA, de las COMUNICACIONES y rapidez en los viajes y, por supuesto, un poder superior en el ejercicio de la GUERRA.

El ser humano tiene grabado en su subconsciente lo ventajoso, útil y hasta divertido que es usar y viajar con una montura que durante siglos se limitaba al caballo.

En todas las culturas donde el hombre convive con este noble animal sabe cómo cuidarlo y entrenarlo para que acepte ser montado y obedezca las instrucciones que el jinete le da según sus necesidades.

Cuando aparece la MOTORIZACION y se aplica el motor de vapor y de explosión al CARRUAJE se ve con meridiana claridad el paralelismo entre cabalgar a caballo y poder hacer lo mismo en un vehículo de dos ruedas y es ése el momento en que se asiste al nacimiento de la MOTOCICLETA.

¿Qué podemos objetar a la motocicleta si la experiencia demuestra la rápida aceptación de este vehículo que enseguida se reveló como más eficaz y útil para muchos cometidos que no pueden hacerse tan bien o tan rápido con los vehículos de cuatro ruedas?

La BICICLETA es provista de un motor que consigue lo mismo que el ciclista con sus piernas pero sin esfuerzo humano.

La evolución desde que se equipa a una bicicleta de un pequeño motor, para sustituir el esfuerzo humano por mecánico, sigue una aplastante lógica y aparecen nuevas aplicaciones que mejoran la ventaja inicial instalando motores más potentes en estructuras más sólidas que permiten alcanzar grandes velocidades en comparación a los CABALLOS y a las BICICLETAS, lo cual sin ninguna duda representa un factor desconocido hasta entonces y claramente POSITIVO.

NEGATIVOS son, en cambio, los resultados de la **VELOCIDAD MAL CONTROLADA** que viene a degenerar en los **ACCIDENTES** de **TRÁFICO**, lo que ahora llamamos **SINIESTRALIDAD**.

La moto, ¿diversión o herramienta?

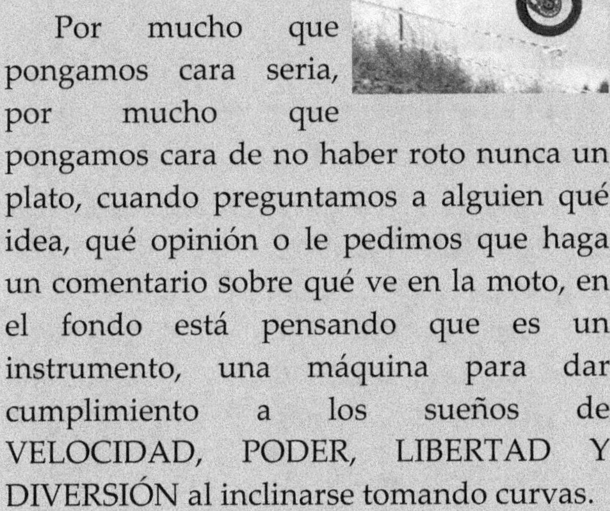

Por mucho que pongamos cara seria, por mucho que pongamos cara de no haber roto nunca un plato, cuando preguntamos a alguien qué idea, qué opinión o le pedimos que haga un comentario sobre qué ve en la moto, en el fondo está pensando que es un instrumento, una máquina para dar cumplimiento a los sueños de VELOCIDAD, PODER, LIBERTAD Y DIVERSIÓN al inclinarse tomando curvas.

¿Acaso es esto malo? Según dónde lo hagamos y con qué ACTITUD no es ni malo ni bueno pero lo que sí es, como mínimo, HUMANO.

Los seres humanos no somos perfectos pero sí podemos reconducir, ordenar y poner en positivo NUESTROS INSTINTOS para que resultemos beneficiados y no perjudicados.

Recordemos aquí que a la VELOCIDAD se le calificó como el VICIO DEL SIGLO XX y por ello hay que reconducirla en su desarrollo.

En realidad lo que deberíamos buscar es CONCILIAR las dos posibilidades que nos ofrece la MOTO, que sea para nosotros una HERRAMIENTA PRÁCTICA, útil en nuestro trabajo o actividades y a la vez que nos DIVIRTAMOS conduciéndola.

Resumiendo: IR EN MOTO PASANDOLO BIEN. Éste va a ser nuestro lema, con el que nos tenemos que quedar al finalizar la lectura de este libro, porque si conducimos con la sensación de que podemos tener un accidente, que nos pueden multar, que gasta mucho combustible, que las reparaciones y el seguro son caros, entonces no vamos a disfrutar durante la conducción porque sólo tenemos en cuenta los inconvenientes cuando, siendo realistas, también tenemos que contemplar las ventajas como lo fácil que es aparcar o que aunque consume más combustible que motos de menor cilindrada siempre será menos gasto que el de un turismo, etcétera.

¿ La moto es para el verano?

¡Qué va! ¡Ni mucho menos! En los fríos países del norte de Europa se presta gran atención al equipamiento para el clima y la moto es utilizada con bajas temperaturas.

EQUIPAMIENTO:

Sin ser una norma estrictamente regulada y desde un punto de vista sociológico, se aprecia enseguida que las preferencias sobre el equipamiento las establecen los propios motoristas siguiendo dos claras TENDENCIAS.

Para viajar en vías interurbanas, "sport" y competición: MONO de cuero o prendas de lonas sintéticas, botas y máximo de protecciones.

Para recorridos urbanos y sobre todo si se está trabajando y hay que vestir "ropa de calle" se prefieren las CAZADORAS y los impermeables para las piernas del tipo hule usado tradicionalmente por las fuerzas de vigilancia sobre motocicleta.

Un ejemplo característico y cercano podemos verlo cuando paseamos por cualquier calle de París en donde se observan multitud de motocicletas tipo "scooter" y en posición de conducción sentado erguido con atuendo de calle y un impermeable sobre las piernas. Es esta una fórmula segura, confortable y práctica de viajar en moto por la ciudad aun cuando el ambiente es desapacible.

El ejemplo diametralmente opuesto lo encontramos, por ejemplo, en el Sur de

España y en verano con temperatura que ronda los 40º C, ya que en estas condiciones tan calurosas el motorista tiende a circular con poca protección, camisetas y pantalones cortos, con calzado demasiado ligero y haciendo grandes esfuerzos para embutirse el casco sobre la cabeza.

No debemos pensar si las motocicletas son para el INVIERNO o mejor para el VERANO, sino que es un instrumento válido para desplazarnos de un lado a otro, pero qué duda cabe que cuanto más protegidos nos encontremos más seguros estaremos sobre la moto, independientemente de que sea verano o invierno.

La moto, uso individual o en grupo

Desechemos los PREJUICIOS y analicemos ventajas e inconvenientes de cada caso.

La conducción INDIVIDUAL nos convierte en un conductor muy centrado, seguro del itinerario y del destino al que nos dirigimos, y las decisiones las tomamos con nosotros mismos sin tener que consultar con nadie y sin tener que aceptar criterios diferentes al nuestro. Como inconveniente, nos puede llevar a una conducción demasiado automática, sobre todo si el itinerario es rutinario y se repite cotidianamente, y podemos llegar a correr peligro de distracción.

La conducción en GRUPO anima a ir demasiado juntos con el grave peligro de no circular a la suficiente DISTANCIA DE SEGURIDAD no sólo frontal sino también lateral.

Exige que durante la marcha pueda haber cambios de decisiones o propuestas que se comunican a través del grupo por INTERCOMUNICADORES o por SEÑAS y estas instrucciones si no están suficientemente claras crean desconcierto y dudas en las proximidades de intersecciones o desvíos, entradas y salidas de autopistas, etcétera.

Por el contrario, hace los viajes amenos, el grupo acoge y la velocidad es uniforme y constante, puesto que en caso contrario nos alejaríamos del grupo bien por delante si se va más rápido o bien por detrás si bajamos la marcha.

Si surge una avería la solución es más rápida gracias a la colaboración del grupo y cuando paramos a descansar, la vigilancia en los hábitos de ingesta de comida y bebida impide que inadvertidamente podamos excedernos. Para conducir: comida ligera, refrescos y agua.

LOS MOVIMIENTOS JUVENILES

¿ usan la moto como instrumento para sus actividades o la moto es la que los aglutina y construye los grupos ?

¿Estamos ante la DICOTOMIA de DINAMICA DE MASA, DINAMICA DE GRUPO?

¿Es la moto un instrumento que atrae por "erótica" y por estética a muchos individuos que juntos **(por ejemplo: CONCENTRACIONES de motos)** constituyen una masa o, por el contrario, muchos individuos con muy parecidas aficiones, motivación y fines se AGRUPAN **(por ejemplo: en ASOCIACIONES moteras)** para, de manera ordenada y programada, realizar actividades, incluida la de asistencia a dichas CONCENTRACIONES MOTERAS?

A todos los aficionados al mundo de la motocicleta nos suenan familiares expresiones como "QUADRAPHENIA" (mítica película de culto donde la "scooter" juega un papel protagonista en el argumento) o ÁNGELES DEL INFIERNO que comenzó como un movimiento juvenil asociado a la motocicleta en 1950 para existir, todavía hoy, aunque se les suele atribuir comportamientos supuestamente negativos difíciles de conciliar con las normas y leyes sociales y de convivencia.

Entre los dos ejemplos sobradamente conocidos existen numerosas tendencias que han tomado la moto como herramienta para alcanzar mejor sus objetivos y en otras muchas ocasiones la moto es EN SÍ MISMA el propio objetivo de ese movimiento juvenil o ese grupo.

Esto no es tampoco ni bueno ni malo, como tantas otras cosas.

Somos los motoristas uno por uno, es decir los individuos, quienes nos inclinamos a actividades molestas para los demás o totalmente integradoras y compatibles con el resto de individuos que no van en moto.

En resumen el motorista, sólo o en grupo y mientras no se demuestre lo contrario, es una persona que canaliza sus inquietudes y sus ideales, bien realizando actividades que le permiten conocer otras zonas geográficas y su cultura, bien dando cumplimiento a su necesidad "SPORT" (dentro de los circuitos, cada día más abundantes y accesibles y hasta asequibles a cualquier motorista) o directamente como herramienta de trabajo y ocio para trasladarse de un lugar a otro sin otra aspiración que llegar pronto a los sitios, por poco dinero y estacionando fácilmente.

Diferencias con la conducción de otros vehículos

El **EQUILIBRIO**. ¿Cómo definimos el equilibrio sin prolijas explicaciones científicas para que comprendamos la característica que diferencia la conducción de motocicletas con cualquier otro vehículo? Podemos decir que si somos capaces de mantener la verticalidad durante la marcha lenta sobre un vehículo de dos ruedas tenemos suficiente equilibrio.

La **PROTECCIÓN ESTRUCTURAL.** Como no hay coraza, ni escudo, si tocamos algo sólido, mientras circulamos en bicicleta, ciclomotor o MOTOCICLETA, el daño principal lo sufre directamente en su cuerpo el conductor del vehículo de dos ruedas.

El **NEGOCIADO o TRAZADO DE CURVAS.**

Mientras en los vehículos de cuatro ruedas la adherencia se consigue con el trabajo de la suspensión y la amortiguación, en los vehículos de dos ruedas es necesaria también la PARTICIPACIÓN DEL CONDUCTOR INCLINÁNDOSE sobre la verticalidad, tantos más grados cuanto más cerrada es la curva, a la vez que tenemos que dosificar con mayor precisión la velocidad del vehículo en la misma.

"El **PAQUETE**" o **pasajero**. Si nos acompaña otro pasajero solicitaremos de él o ella que colabore con nosotros para mantener un buen reparto de masas equilibradas y formemos un todo con la máquina para no alterar el centro de gravedad durante la marcha.

CLIMATOLOGÍA y **FACTOR AMBIENTAL**. El conductor está expuesto al exterior y tiene un factor negativo, pero también otro positivo:

Negativo es que ha de protegerse tanto del frío y la humedad como del calor (la necesidad de portar CASCO en verano representa un problema de calor).

Positivo es que al circular directamente sobre la máquina, participamos del ambiente y del entorno con una naturalidad y una integración completa con el resto de los usuarios y no como sucede en el vehículo cerrado de cuatro ruedas donde observamos que, según han demostrado numerosos estudios psicológicos y sociológicos, sus conductores tienen un comportamiento negativo de individualidad, poca EMPATÍA, falta de comprensión y colaboración con los demás y en algunos casos cuasi anonimato y dejación de responsabilidades frente a infracciones, etcétera.

LA VISIBILIDAD, es muy buena.

El seguro obligatorio en la motocicleta

Siempre nos quejamos de lo caro que es todo y posiblemente tenemos razón muchas veces, pero casi todas las cosas cuestan lo justo. Debido a la COMPETENCIA entre empresas del mismo sector, una no puede cobrar mucho más caro que otra a no ser que tengan una gran diferencia en calidad o servicio, o los clientes elegirán la más barata.

El SEGURO de la motocicleta nos puede parecer caro pero hay que saber que está basado, no sólo en los costos de gestión sino en algo que no se da en otros servicios o sectores y son las estadísticas de siniestralidad y pago de indemnizaciones a víctimas de accidentes de tráfico.

En función de los RIESGOS pagan las PRIMAS o cuotas los asegurados, de forma que si conseguimos que descienda la siniestralidad también descenderán de forma automática los precios de los seguros.

PODRÍAMOS DECIR QUE SI EL SEGURO LO PAGAMOS CARO ES PORQUE El COLECTIVO DE MOTORISTAS TIENE ALTA SINIESTRALIDAD, PERO SI SU COMPORTAMIENTO Y EL FACTOR HUMANO PERMITE QUE LA SINIESTRALIDAD BAJE, TODOS NOS BENEFICIAMOS DE ELLO. La responsabilidad, una vez más, es compartida.

Al igual que el resto de vehículos, la motocicleta no sólo puede sufrir un percance sino que también puede producirlo a otro usuario y esto hace necesario seguir el mismo criterio que para el resto de los vehículos SIENDO OBLIGATORIO EL CONTRATO CON UNA COMPAÑÍA DE SEGUROS que responda de los daños producidos, en caso de accidente de circulación, para poder indemnizar a las víctimas.

Dicho esto se puede contratar VOLUNTARIAMENTE otro seguro o seguros que complementen esta cobertura obligatoria.

Ahora toca matizar una cosa, el aspecto de la **COMPETICIÓN**. El seguro obligatorio es el que hay que contratar para circular por las vías públicas pero ¿qué ocurre cuando queremos celebrar alguna prueba de carácter deportivo?

Pues lo que sucede es que esas actividades también entrañan un riesgo potencial y claro que a sus organizadores les conviene contratar un seguro que cubra las eventualidades que pudieran producirse durante su desarrollo y este costo incrementa los gastos que conlleva la organización de dicha prueba deportiva

Diferencia entre formación "sport" y formación para la vía pública

No habremos fracasado en nuestro proyecto, que ya presentábamos en la INTRODUCCIÓN, si nuestra actitud cuando conducimos por la vía pública es de cumplimiento estricto con todas las normas de circulación y de seguridad vial sin pretender ir más allá, puesto que para eso tenemos otros cauces en el mundo del deporte y la competición.

Quede claro, pues, que las AUTOESCUELAS son el único centro de formación legalmente establecido para impartir todas las enseñanzas necesarias para circular por la vía pública.

Quede claro, pues, que como en cualquier otra actividad deportiva son los propios deportistas de mayor nivel, los clubs, asociaciones, federaciones, etc. quienes tienen la libertad e incluso entendemos que la obligación de ENTRENAR y preparar cuanto más mejor a aquellos que desean superarse y a la vez se identifican con la moto.

Consideramos como caso especial y merecedor de tratarse de forma exclusiva el fenómeno TEAM o mejor queremos decir EQUIPO DE MARCA.

Cuando un fabricante quiere probar sus modelos en competición ha de disponer de pilotos expresamente entrenados para sus máquinas. ¿Quién mejor que los ingenieros y mecánicos del propio fabricante para indicar y asesorar sobre las peculiaridades de su máquina?

Terminamos insistiendo en el dicho antiguo "...donde fueres haz lo que vieres". Conduciremos la moto, pues, sin mayores pretensiones en la vía pública. Y con toda la pasión necesaria cuando estemos compitiendo con ella. Sin olvidar que esa pasión igualmente podemos sentirla como espectadores en las competiciones y no necesariamente como participantes.

"ECOCONDUCCION" DE LA MOTOCICLETA

De rabiosa actualidad la expresión ECO, la expresión SOSTENIBILIDAD y la expresión PROTECCION DEL MEDIO AMBIENTE.

La motocicleta no puede ignorar estas imperiosas necesidades con las que tan convencidos y comprometidos estamos en este momento.

Empecemos por decir que la motocicleta, como máquina que es, influye con intensidad en estos fenómenos y es nuestra obligación conseguir que su IMPACTO AMBIENTAL sea el más leve posible.

Antes de recurrir a profundos y completos estudios sobre el impacto en el medio ambiente comencemos por razonamientos de la más clara sencillez y aplastante lógica, aceptemos que:

1) La motocicleta es una MAQUINA
2) En su proceso de fabricación y montaje se requieren materiales y energía que emiten residuos al medio ambiente.
3) Su vida útil va a depender de cómo la utilicemos y la cuidemos.
4) Esta máquina tiene como característica el verse sometida a presiones, cargas y temperaturas notables, lo cual le exigirá importantes desgastes y reposiciones de piezas y fluidos durante su mantenimiento.

Las afirmaciones anteriores nos llevan pues a DOS CLARAS CONCLUSIONES.

La primera conclusión corresponde al razonamiento de que ya en el proceso de fabricación tiene un impacto ambiental. POR LO QUE CUANTAS MENOS PIEZAS TENGAMOS QUE SUSTITUIR POSTERIORMENTE menos contaminará nuestra moto (los neumáticos, por ejemplo, dependen de nuestro estilo de conducción, también los frenos, carenados o embellecedores plásticos, etc)

La segunda conclusión se ajusta a la necesidad de que NUESTRO ESTILO DE CONDUCCION sea tal que la energía que necesitamos, el combustible, para moverla hay que aprovecharlo al máximo y con un rendimiento del cien por cien y sin excedernos desproporcionadamente en el trabajo hecho en cada desplazamiento.

No sólo la velocidad, en progresión normal, cuando viajamos por la carretera determina el consumo y las emisiones a la Atmósfera, si no que también influye la incorporación a la circulación, las detenciones, etc. Por eso vamos a dar unas pautas de comportamiento para cada una de las fases de la conducción en moto.

COMPORTAMIENTO ORIENTADO AL AHORRO DE COMBUSTIBLE Y A LA REDUCCION DE LA CONTAMINACION

Sabemos que para conducir con ECONOMIA hemos de hacerlo armoniosamente, sin brusquedades y esto significa anticiparse a los problemas y circular lo más uniformemente posible lo que nos obliga a mantener buenas distancias de seguridad por lo que nuestro estilo de conducción va a ganar en SEGURIDAD y a la vez hemos admitido que si gastamos poco, proporcionalmente, CONTAMINAMOS poco.

Podemos afirmar que se configura así un TRIANGULO PERFECTO de eficiencia puesto que si conducimos con ECONOMIA conseguimos el efecto de que nuestra conducción PREVENTIVA va a aumentar mucho la SEGURIDAD y finalmente, como tercer efecto, conduciremos CONTAMINANDO menos, para nuevamente conseguir el primer efecto de ahorro y nuevamente continuar este ciclo sin interrupción.

CONDUCCION PREVENTIVA =

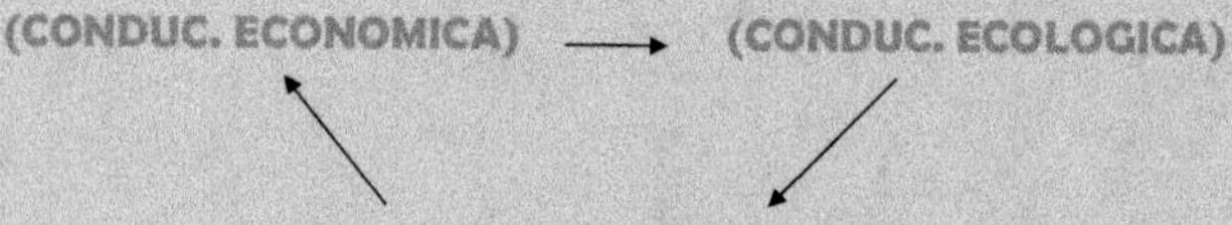

(CONDUCCION SEGURA)

RECOMENDACIONES

Puesta en marcha:

Todos hemos sentido la tentación de escuchar con satisfacción el motor de nuestra máquina y antiguamente estaba generalizada la práctica de dar golpes de acelerador antes de poner en movimiento nuestro vehículo, como si esperásemos que así se cargase de energía y acelerase mejor al iniciar la marcha.

Podría argumentarse que en los antiguos motores más rudimentarios que los actuales, se producían fallos en la fase de explosión – combustión a consecuencia de mal funcionamiento de bujías sucias o gastadas o mala proporción de gasolina y aceite en los motores de dos tiempos.

En la actualidad los motores han alcanzado tal grado de eficiencia que disponen de unos recursos técnicos y una gestión de encendido que hace TOTALMENTE INNECESARIO quemar combustible sin que se transforme en trabajo dinámico desde el principio.

LO CORRECTO: Poner el motor en marcha y sin dar acelerones, engranar la primera velocidad, si es llano o pendiente ascendente y acelerar progresivamente hasta alcanzar las revoluciones que admitan el siguiente piñón de la caja de cambios sin excedernos en las revoluciones y así sucesivamente con el resto de las marchas hasta alcanzar la velocidad de crucero.

No olvidemos que la maneta o el pedal de cambio es un SELECTOR de velocidades o piñones que iremos engranando en función de las necesidades y que son distintas subiendo, llaneando o bajando.

Velocidad de crucero:

Habremos llegado a ella tras acelerar moderadamente y cambiar de velocidades progresivamente a no ser que, RAZONES DE SEGURIDAD aconsejen acelerar a muchas más revoluciones como puede ser en una *INCORPORACIÓN A UNA AUTOPISTA O AUTOVIA, UN ADELANTAMIENTO, UNA SITUACIÓN NO DESEADA DE PELIGRO, etc.*

La velocidad de CRUCERO, por definición, **"...es la velocidad OPTIMA, entendiendo como tal aquella que nos permite un máximo rendimiento con un mínimo gasto".**

¿Cómo interpretamos ésto? No significa que vamos a gastar pocos euros en combustible. Lo que significa es que cada euro que gastemos lo vamos a aprovechar en su totalidad y no vamos a despilfarrar ni un céntimo.

Pongamos como ejemplo un viaje de 300 kilómetros. Si circulamos a 10 kilómetros por hora será difícil sufrir un siniestro y a la vez gastaremos muy pocos euros en combustible porque no pasaremos de mil revoluciones por minuto en el motor, pero tardaremos tanto tiempo en recorrer esos 300 kilómetros que no nos resulta práctico viajar así.

Si, por el contrario, circulamos a 10.000 revoluciones por minuto puede que nuestra velocidad estuviese próxima a los 300 kilómetros por hora y gastaríamos muchos euros en combustible pero llegaríamos en tan sólo

UNA HORA a nuestro destino y eso sería bueno para no fatigarse y disponer de mucho tiempo útil en el sitio al que hemos viajado pero SERIA MUY PELIGROSO E INSEGURO.

La SEGURIDAD ha de estar por delante de la FLUIDEZ, que son los dos principios fundamentales de la circulación. Por lo tanto, vistas las ventajas e inconvenientes de ir deprisa o ir despacio CONCLUIMOS como no puede ser de otra manera que, una vez más, LO MEJOR ES EL TERMINO MEDIO y por eso los límites legales de velocidad se determinan buscando el equilibrio entre FLUIDEZ, ECONOMIA EN EL CONSUMO y en consecuencia DISMINUCION DE LA CONTAMINACION.

Los límites de velocidad no sólo pretenden aumentar la SEGURIDAD si no también mejorar la ECONOMIA y la CONTAMINACION.

Así pues, para circular en PROGRESION NORMAL, la tendencia, ha de ser preferir pocas revoluciones y mantener la velocidad de CRUCERO el mayor tiempo posible. LA AFICION HA CIRCULAR RAPIDO PODEMOS RESERVARLA EXCLUSIVAMENTE A LOS MULTIPLES CIRCUITOS PRIVADOS A LOS QUE, FACILMENTE, PODEMOS ACCDER Y ADEMAS A UNOS PRECIOS MUY ASEQUIBLES

Detenciones y disminución de la velocidad:

Reconocimiento, por indicios, de
"ZONAS DE INCERTIDUMBRE":

Tenemos que saber reconocer, por indicios, las zonas de incertidumbre que continuamente aparecen en la progresión normal y que como su nombre indica son lugares en los que desconocemos lo que va a suceder. Ejemplo: un grupo de personas cerca de la acera, un camión detenido y con las luces de emergencia nos impide la visibilidad, un grupo de ciclistas, etc.

Como INCETIDUMBRE es lo contrario a certidumbre, o sea LO CIERTO, hemos de ponernos alerta cuando nos aproximemos a lugares donde no sepamos con certeza lo que va a ocurrir y MODERAREMOS LA VELOCIDAD, MIRAREMOS A LOS ESPEJOS RETROVISORES Y NOS DISPONDREMOS A HACER LAS SEÑALES OPORTUNAS para luego pasar por allí a una distancia lateral suficiente que rodee el espacio de peligro por caída de un peatón a la calzada, de un ciclista, apertura de una puerta de un vehículo estacionado, etc.

La velocidad disminuye aprovechando los rozamientos, sea por el "freno motor"(al soltar el acelerador la depresión del pistón o pistones en los cilindros hace que a través de la transmisión la rueda motriz tienda a girar cada vez más despacio), también disminuye por la resistencia del aire (aerodinámica) o de la vía (neumático y pavimento). Cuando sólo actúan estos rozamientos tenemos un desgaste moderado de las "gomas" de las ruedas, pero si calculamos tarde el momento de soltar el acelerador o no hemos tenido oportunidad de hacerlo por una maniobra inadecuada, de otros conductores, necesitaremos emplear además del freno motor el freno de servicio o freno propiamente dicho. Esto genera un gasto mayor porque ya interviene el desgaste de discos o zapatas y pastillas de freno.

FRENOS. Eficacia o/y Eficiencia

Las Oficinas Técnicas de algunas marcas de automóviles son las que por primera vez, introducen el término EFICIENCIA de los frenos estableciendo una clara diferencia con la EFICACIA de los frenos.

La EFICACIA se refiere al funcionamiento de los frenos en condiciones normales y se perdería dicha eficacia por una avería en el sistema mientras que la EFICIENCIA se pierde por un mal uso del mecanismo o más bien por un ABUSO.

Cuando descendemos por una carretera de montaña o de costa muy virada hemos de aprovechar bien el freno motor combinado con una adecuada relación de la caja de cambios cambiando a marchas cortas y usando el freno de servicio o freno normal sólo cuando no es suficiente con el freno motor. ESTO NOS HACE BAJAR A VELOCIDAD MODERADA lo cual nos aporta la necesaria SEGURIDAD, pero si en lugar de descender así, tranquilamente y con seguridad, bajamos más rápido al llegar a las curvas hemos de aplicar fuertemente los frenos y toman calor. Al calentarse y no dar tiempo a su refrigeración alcanzamos el peligroso punto del FADDING o FATIGA DE LOS FRENOS. Hemos perdido la EFICIENCIA, es decir los frenos no tienen una avería y siguen siendo EFICACES pero hasta que no se refrigeren no son EFICIENTES. Por lo tanto hay que practicar una conducción inteligente en los descensos prolongados para que no se calienten los frenos.

Supongamos que delante de nosotros la circulación se ralentiza mucho y luego vemos que se recupera la normalidad y los de adelante aceleran. Nos encontramos, en ese punto en el que no vamos a detenernos si no que vamos a continuar la marcha. Si no hemos guardado la distancia de seguridad habremos tenido que frenar para no colisionar y a continuación tendremos que volver a acelerar para recuperar la velocidad de crucero. El incremento en el consumo es muy notable y también las emisiones de gases.

Si la detención ha de ser completa (inmovilización involuntaria) no es igual que la parada (inmovilización voluntaria)

En la primera, como se debe a causas de la circulación y no sabemos cuanto va a durar la interrupción, hemos de estar prevenidos con el motor en marcha para poder continuar en cualquier momento pero en la parada voluntaria podemos apagar el motor hasta que nuevamente tengamos que seguir, por ejemplo mientras nos despedimos de alguien.

Finalicemos recordando LA PERFECCION DEL TRIANGULO que nos indica el estilo de conducción que debemos practicar actualmente:

1) Conducción pausada, velocidad moderada, distancias de seguridad, frontal y lateral, vista lejana y también a los espejos retrovisores para recoger información del entorno, prevención ante las zonas de incertidumbre. Esto nos aporta una conducción SEGURA

2) Conducción segura nos aporta una conducción ECONOMICA.

3) Conducción económica nos aporta una conducción ECOLOGICA

CONDUCCION PREVENTIVA

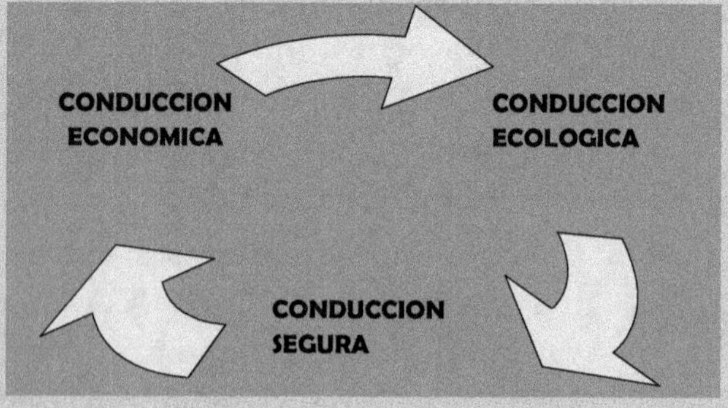

CONTAMINACION ACUSTICA

Tradicionalmente se ha mirado mal a los vehículos de dos ruedas por su elevado nivel sonoro puesto que en muchas ocasiones hasta se modificaban, en contra de las disposiciones legales, los elementos de CICLOMOTORES y MOTOCICLETAS para que el ruido fuese muy alto.

Los fabricantes ponen especial cuidado en la rumorosidad que produce el rozamiento del aire y los neumáticos con el pavimento y los decibelios que mitiga el tubo de escape.

Esto aumenta el confort de marcha sobre todo en viajes y trayectos largos al propio conductor de la motocicleta o ciclomotor pero también corresponde a la necesidad legal de no superar en decibelios un determinado nivel sonoro para no molestar al resto de usuarios de la vía.

Como curiosidad, que demuestra hasta que punto cuidan los fabricantes este aspecto, tenemos que indicar que hay marcas que para garantizar la personalidad única de su característico sonido PATENTAN el ruido de sus máquinas para que no pueda ser copiado por otros fabricantes.

CONDUCCION NOCTURNA DE UNA MOTO

¿Se puede conducir de noche o en condiciones atmosféricas adversas o con escasa visibilidad diurna UNA MOTOCICLETA?

Esta es la pregunta que debemos hacernos antes de conducir cualquier vehiculo. Es decir, no hemos de preguntarnos en concreto sobre una sola clase de vehiculo, LA MOTOCICLETA.

Desde lo GENERAL a lo PARTICULAR si cualquier vehiculo puede conducirse de noche también la motocicleta pero ¡OJO! Si cualquier vehiculo no puede ser conducido de NOCHE... TAMPOCO LAS MOTOCICLETAS.

Comencemos por el principio:

Estas maquinas, ¿por quiénes han de manejarse? La respuesta es fácil, por seres humanos. ¿Y a que especie pertenecen los seres humanos? La respuesta es fácil, a los mamíferos.

Los mamíferos no tenemos buena adaptación del sentido de la vista a la luz escasa y si estudiamos el comportamiento de los mamíferos en la Naturaleza nos damos cuenta de que vemos poco y mal durante la NOCHE por lo que comienzan su CICLO VITAL al AMANECER técnicamente se denomina el RITMO CIRCADIANO DE SUS CONSTANTES

Al amanecer comienzan a moverse, a buscar los lugares que les aportan agua, pastos, o caza. Estas actividades les ocupan el día, o sea mientras hay luz solar, pero a medida que el sol desciende, también su actividad va, proporcionalmente, en descenso y esa actividad se va orientando a la busca del lugar donde van a permanecer inmóviles y van a dedicarse al descanso y la reposición de fuerza y energía hasta el inicio de un nuevo CICLO que otra vez comenzara con el siguiente AMANECER DEL SOL. De la LUZ SOLAR.

Bien, pues según esto, queda muy claro. Si seguimos las Leyes de la Naturaleza los seres humanos estamos adaptados a ver bien durante el día y nuestras pupilas no se abren lo suficiente durante la noche lo que hace que veamos peor, la consecuencia es clara:

DEBEMOS CONDUCIR DE DIA CON SOL Y NO DEBEMOS CONDUCIR DE NOCHE O SIN SOL.

Como AGRAVANTE a esta limitación biológica tenemos otra más. En la Naturaleza los seres vivos solo pueden moverse a la velocidad que permiten sus medios de locomoción (piernas o patas) pero en la carretera la velocidad puede superar los 100km/h.

Nuestra estructura corporal puede soportar, relativamente bien, los traumatismos producidos en una caída o en un impacto si nos desplazamos a la velocidad que nos permiten nuestras piernas a la carrera pero no cuando superamos esa velocidad y desarrollamos, con la ayuda de un vehículo, una velocidad mayor. Entonces los daños, consecuencia del impacto, son muy graves y necesitamos protegernos con sistemas de retención o cascos y trajes especiales.

LUCES ARTIFICIALES, ¿son suficientes para igualar la iluminación del SOL?

Hagamos algo de Historia entre los años 1920 y hasta la actualidad:

Desde las bombillas o lámparas de incandescencia hasta las luces de DESCARGA en las que intervienen gases como FLUOR, XENON hemos evolucionado, hemos mejorado, hemos avanzado,… pero, ¿HEMOS IGUALADO LA LUZ DIURNA, hemos igualado la LUZ DEL SOL?

¿Qué es lo que tenemos que ver cuando se conduce?

El camino a recorrer, los obstáculos de ese camino y partes muy localizadas del vehiculo (por ejemplo la placa de matricula).

Para ello necesitamos luces que iluminen es decir que alumbren, LUCES DE ALUMBRADO.

También necesitamos que nos vean y para ello son necesarias las llamadas luces de POSICION y también las de CAMBIO DE POSICION del vehiculo o sea las llamadas LUCES de SEÑALIZACION.

PREJUICIOS a BATIR:

1. Yo veo mejor de noche.
2. Yo conduzco mejor de noche.

Estas falsas apreciaciones se sustentan en "verdades a medias", en cosas ciertas pero incompletas, todo lo cual aun hace mas difícil combatir estos prejuicios.

Comenzamos por la 2º: **"Yo conduzco mejor de noche"**. Sí, claro, porque hay menos trafico y tengo la falsa sensación de soledad y de ausencia de peligros. Esto también sucede de día en las carreteras de montaña con muy escasa densidad de transito.

Vamos a la 1º: **"Yo veo mejor de noche"**. Si claro, lo que veo, porque lo que no veo, no lo veo y lo peor es que no soy consciente de ello y lo vamos a demostrar.

De noche, claro que se ve muy bien. Se ven muy bien LAS FUENTES DE LUZ. Tomemos el caso de un propietario de gasolinera. Su objetivo es vender mucho combustible y se preocupa de que su gasolinera sea muy visible situando grandes y elevados anuncios luminosos para que desde una gran distancia el viajero con necesidad de cargar combustible, electricidad para sus baterías, etc. localice fácilmente donde puede parar a comprar y no pase de largo.

También se ven muy bien las fuentes de luz de otros vehículos. Luces de corto y largo alcance de los demás.

¿Qué se ve, también, muy bien de noche? La SEÑALIZACION de la vía.

Las SEÑALES VERTICALES podrían ser señales que solo fuesen vistas durante el día o al ser iluminadas por luces de corto o largo alcance. En lugar de eso se han fabricado con propiedades REFLECTANTES y se ven desde una gran distancia.

Las señales VIALES, las que están en la VIA, pintadas, dibujadas, marcadas en la VIA, señales o MARCAS VIALES se podrían haber pintado en la vía con pintura normal pero se ha decidido que tiene que ser PINTURA REFLECTANTE que al ser iluminada por luces de corto o largo alcance pueden verse desde muy lejos y perfectamente delimitadas.

Pero ¡OJO! lo que no puede verse de noche ES AQUELLO QUE no esta iluminado, ni aquello que no esta pintado con pintura reflectante.

Es decir, los baches no se pintan, los obstáculos no se pintan, las piedras, una caja de herramienta que ha perdido un camion, las curvas, los árboles no se pintan. De noche vemos lo que vemos por estar iluminado o ser reflectante pero no lo que no vemos.

En cambio de día se ve todo puesto que el Sol ilumina TODO.

El ARCEN, ¿lo vemos? Contestaremos que sí, que hay un línea blanca que lo delimita pero ¿Quiénes circulan por el ARCEN?, peatones, ciclos, ciclomotores y vehículos especiales (tractores agrícolas, etc). Y todos ellos, reglamentariamente tienen la obligación de circular de noche debidamente señalizados pero, ¿lo hacen realmente?, ¿todos circulan debidamente señalizados?

Vayamos a la realidad, a la práctica. Todos habéis caminado alguna vez de noche por una carretera convencional, tal vez en unas vacaciones para llegar a un albergue, refugio, hostal alejado del centro urbano de una pequeña localidad, aldea o pueblo.

¿Caminabais perfectamente señalizados con la preceptiva PRENDA

REFLECTANTE? Y en caso de ser un grupo, ¿transitabais habiéndolo delimitado correctamente con señales luminosas?

Las bicicletas, ¿mayoritariamente circulan con un suficiente sistema de señalización de posición y sus conductores equipados con la obligatoria prenda reflectante?

Los TRACTORES AGRICOLAS, cuyas luces de posición pueden estar sucias de barro, por el trabajo diario en el campo, es obligatorio que circulen por la vía publica durante la noche, en condiciones atmosféricas adversas y con nubes de polvo o humo, con una luz amarilla alternativa en su parte más alta... pero... ¿siempre funciona correctamente? La experiencia nos dice que cuando el tractor es nuevo SÍ pero cuando transcurre el tiempo y se estropea la luz y hay que cambiarla no solemos hacerlo diligentemente, porque como el tractor puede seguir con sus labores agrícolas y suele pensarse, "…. total desde la cochera o garaje hasta el campo donde hay que trabajar sólo hay 700 m. Es muy poco tramo, ¿Qué puede pasar en tan corto trayecto?"

Precisamente en caso de DESLUMBRAMIENTO nuestra tendencia es ir hacia al arcén, a la derecha, alejándonos del peligro que hay a la izquierda y que, resulta ser, el vehículo que nos deslumbra.

Es mas fácil que el siniestro no sea de colisión frontal contra el vehículo que nos ha deslumbrado, en sentido contrario, si no por alcance a quienes circulen por el arcén.

La norma nos dice que en caso de deslumbramiento y puesto que se sufre CEGUERA TEMPORAL, porque nuestra pupila se adapta pronto a la luz pero tarda mucha hasta volver a adaptarse a la oscuridad, debemos moderar la velocidad e INCLUSO DETENERNOS SI FUERA NECESARIO. Normalmente los conductores deslumbrados no suelen detenerse y creyendo que ya ven con suficiente claridad siguen, muchas veces por el arcén y alcanzan a quienes por allí circulan.

No sirven trucos solo esperar a que nuestra pupila se vuelva a adaptar a la oscuridad.

Y de las luces de LARGO ALCANCE, ¿Qué podemos decir? Pues que son MUY BUENAS. Tal vez demasiado. Esta duda no puede dejarse en el aire y lo vamos a explicar.

Por norma la luz de largo alcance tendrá que iluminar como mínimo 150m, y en la actualidad todos los vehículos sobrepasan con creces esta distancia y no digamos si tenemos instaladas las llamadas luces de XENON o de DESCARGA y brillantes LEDS de todo tipo.

También dice el Reglamento de Circulación de Vehículos de la Ley de Seguridad Vial que no pueden usarse cuando hay peligro de deslumbrar a los demás usuarios de la vía.

Pues bien, esto nos lleva a una situación muy curiosa.

Cuando circulamos con luz de CORTO ALCANCE ha de ser a una velocidad tal que permita detenerse dentro de la zona iluminada. Por ejemplo, en una carretera convencional, la distancia de iluminación en metros, aproximadamente suele ser de 40 metros a la izquierda hacia el sentido contrario de circulación y unos 70 m a la derecha hacia el arcén.

Para que podamos frenar dentro de esos 40 m corresponde circular a una velocidad de aproximadamente 70 kms/h pero nunca 90 en carretera convencional, ni 120 en autopista. Porque si vamos por encima de esos 70 kms/h significa que la inmovilización del vehículo la habremos hecho en un tramo donde no sabemos si estaba libre de obstáculos porque no estaba iluminado cuando hemos comenzado a frenar.

Por último, también resulta paradójico que unas luces tan brillantes y eficaces cuando circulamos por carreteras, que nos llevan a pequeñas localidades, viradas, estrechas y sobre todo SOLITARIAS, las vamos a utilizar durante casi todo el viaje porque no nos encontramos con casi nadie. Esto quiere decir que el punto de destino no debe ser de gran interés industrial, comercial, turístico, etc. y por tanto no vamos a hacer muchos viajes a ese punto. Por el contrario, el mayor número de kilómetros al año lo haremos a sitios de interés y si lo es para nosotros también lo será para un gran colectivo de usuarios y estas vías serán MUY TRANSITADAS por ejemplo autovías y autopistas en las que hay tanta frecuencia de vehículos que hará difícil el uso prolongado de las luces de largo alcance y casi todo el viaje lo tendremos que hacer usando las luces de corto alcance para no deslumbrar al resto. También los demás conductores harán lo mismo en una clase de vías donde la velocidad suele ser elevada y que habría de ser más reducida durante la noche por lo que antes hemos explicado sobre la distancia de frenado dentro de la zona iluminada.

Probablemente desde la ingeniería y la legislación hay que reconducir este aspecto de las POTENTES luces de largo alcance que tenemos ahora a nuestra disposición y que deslumbran con tanta facilidad y mientras tanto adaptemos siempre nuestra velocidad a la zona que estamos iluminando en cada momento.

Utilización de motocicletas en diversos países por los cuerpos policiales

Según las distintas normativas cada país establece unas normas propias para sus conductores de motocicleta y específicas para sus FUERZAS DE SEGURIDAD Y VIGILANCIA montados en motocicletas pero a nuestros efectos podemos determinar que en el ámbito de la Unión Europea los criterios son, lógicamente, bastante homogéneos.

Esto lo decimos porque el motorista de largos recorridos al pasar a otros países ha de tener la mente suficientemente abierta como para encontrarse situaciones que le pueden sorprender si piensa que en todo el mundo el comportamiento es idéntico al nuestro y para que se entienda pongamos un ejemplo:

Tomemos un país muy caluroso como Grecia y veremos que sus policías ENCIMA DE LA MOTO acceden con total normalidad a las aceras para requerir documentación o dar indicaciones a quien esté cometiendo una irregularidad. Añadamos una cosa más, posiblemente ese policía circula en camiseta y SIN CASCO lo cual nos parece una flagrante falta a la seguridad e incluso al buen ejemplo, pero ellos argumentarán que con tanto calor es muy molesto el casco. No estamos justificándolo, sólo estamos constatando un hecho que se da en la realidad y que nos puede descolocar si no viajamos con la predisposición a ver cosas que no coinciden con nuestros criterios de seguridad.

En España los agentes que realizan su servicio sobre motocicletas NO SE IMPROVISAN. Tienen una formación previa en sus respectivas academias locales o autonómicas que les permite tener una preparación específica para cumplir su misión.

Mención especial hay que hacer en nuestro país a la Agrupación de Tráfico de la Guardia Civil que goza de un prestigio ganado "a pulso" en las numerosas intervenciones que realizan a lo largo del año y que emana de su estricta formación inicial en su Academia y de su alto grado de disciplina.

A pesar de todo eso y para demostrar que la motocicleta tiene un alto riesgo en su conducción vamos a poner un ejemplo que es el que usamos cuando queremos demostrar que no hay que ser alarmistas pero si REALISTAS y reconocer que la conducción en moto está sometida a mayor riesgo objetivo que la conducción de otros vehículos.

En los CUERPOS POLICIALES DE VIGILANCIA DEL TRÁFICO de cualquier país hay unidades móviles de cuatro ruedas y de dos.

Cuando los conductores normales visualizan agentes de tráfico tienden a esmerarse en el cumplimiento de las normas para no ser denunciados. Especialmente la norma de la DISTANCIA DE SEGURIDAD TANTO FRONTAL COMO LATERAL.

Pues bien, aún a pesar de que el policía de tráfico, que circula en motocicleta, CUMPLE escrupulosamente con todas las normas de circulación y a él "NO SE LE ACERCA NADIE", sufre más accidentes que sus compañeros que realizan el servicio sobre vehículo de cuatro ruedas.

La REFLEXIÓN es ésta: Si a alguien que cumple las normas y tiene garantizada la lejanía con los demás conductores, sufre accidentes de tráfico, ¿qué no le sucederá a un motorista normal si no cumple con tanto esmero las normas y los demás conductores le respetan menos?

Y, por tanto, la CONSECUENCIA al argumento anterior es que el conductor normal no se debe sentir alarmado por esto pero ha de hacer un ejercicio de REALISMO y ser consciente de que debe cumplir estrictamente con todas las normas de circulación.

Agente policial patrullando en el barrio Plaka en el centro de ATENAS

(Agosto 2009, temperatura ambiente 40º Centígrados, a la sombra)

LA LIBERTAD que da ir en MOTO

Muchos detractores del vehiculo privado y sobre todo de los automóviles de "TURISMO", esgrimen que el vehiculo "particular" es caro, sucio, peligroso y defienden el TRANSPORTE PUBLICO a ULTRANZA.

En absoluto podemos ni tampoco queremos descalificar, desprestigiar ni desautorizar a quienes esto afirman pero sí tenemos que incidir en un "pequeño detalle" que nunca mencionan, LA LIBERTAD.

La LIBERTAD que nos ofrece el vehiculo "PARTICULAR", al que se ha dado en llamar de "TURISMO", no la puede ofrecer el TRANSPORTE PUBLICO que tantas ventajas tiene pero que carece de unas prestaciones que SÍ nos dan nuestros coches y MUCHO MAS, NUESTRAS MOTOS.

En un autobús, ferrocarril, buque o avión no podemos embarcar todo el peso (equipaje) que nos apetezca, ni podemos elegir el horario de salida o retrasar la llegada, ni podemos detenernos donde queramos durante el viaje, ni desviarnos de la ruta sobre la marcha, ni elegir compañeros de viaje, ni… ni…etc.

En una MOTO, SÍ

Esta es la respuesta al enorme y espectacular éxito universal de la automoción en tan sólo ciento cincuenta años.

El transporte publico tiene muchas ventajas, el transporte PRIVADO muchos inconvenientes pero UNIVERSALMENTE, las personas, en cuanto les es posible, eligen viajar en transporte PRIVADO mejor que en transporte PUBLICO, ¿POR QUÉ?, ¿Por qué en menos de ciento cincuenta años este éxito ha sido tan rápido y este desarrollo tan impresionante?

Los expertos nos explican que es por la LIBERTAD de desplazamientos que nos permite el transporte PRIVADO sobre el PÚBLICO, a pesar de las incontables ventajas y beneficios del PÚBLICO.

LA MOTO es la QUINTAESENCIA de todo esto. No tiene carrocería, estamos en el exterior, viajamos al "aire". Viajar en moto es todo sensaciones, es sorprendente, es ¡¡¡¡MARAVILLOSO!!!

Estilo de la moto y de los motoristas ("custom", velocidad, "trail"...)

Hay diversos estilos de ir en moto según seamos más aficionados a la Naturaleza, a la velocidad, a viajar disfrutando de los lugares por los que se pasa o incluso a conducir no como fin en sí mismo sino para llegar a lugares que hemos fijado como objetivo.

Si lo dejamos así, queda dicho como un hecho cierto pero bastante confuso porque no se terminan de aclarar las ventajas e inconvenientes.

Muchas personas que tienen una inquietud de comunión con la Naturaleza encuentran una forma de visitar, más rápido que caminando, lugares pintorescos y disfrutar de trayectos accidentados, angostos y que obligan al conductor a una atención máxima para superar obstáculos continuos como baches, piedras, ramas, etc. ESTO PROPORCIONA UN PLACER ESPECIAL a quienes practican esta actividad, pero que no tiene por qué gustar a la mayoría que puede preferir una conducción más confortable y con menos traqueteos. Este estilo de conducción suele hacerse por parejas o en pequeños grupos.

Otras personas prefieren un tránsito muy ágil, fluido y con el estilo que emula a sus ídolos de la velocidad y por eso sus máquinas son semejantes a las de los circuitos de Gran Premio (con más o menos potencia) pero comprendiendo que no se pueden superar los límites legales. El equipamiento (mono de cuero, etc.) hace que nos sintamos identificados con ese colectivo que se apasiona con el característico olor a circuito. EN ESTOS CASOS EL DISFRUTE SUELE SER EL VIAJE EN SÍ MISMO.

Los grupos no son numerosos (salvo en ocasiones de grandes concentraciones moteras que aglutinan a todos los motoristas en general) porque el ritmo que se le impone a la marcha por parte de los de cabeza requiere un conjunto muy homogéneo y que responda casi a una unidad. Hay que tener gran capacidad de decisión para saber cuándo podemos mantenernos juntos y cuándo hemos de aceptar la disgregación temporal por exigencias del tráfico y sus normas.

Personas más prácticas eligen motos de las llamadas para TOURING o viajes largos que requieren acoplamiento de maletas supletorias, incluso a veces con un remolque o un sidecar, es decir que este tipo de motorista va preparado con lo necesario para disfrutar una vez que ha llegado a su destino al que le gusta llegar lo menos cansado posible y por ello su moto le proporciona una postura de conducción erguida, más vertical a modo de lo que era la antigua montura a caballo. Los motoristas que así viajan no suelen hacerlo en mayor número de cuatro o seis y frecuentemente lo hacen sólo por parejas.

Casi venciendo esa verticalidad a la que hemos llegado desde la postura inclinada hacia adelante que hemos dado en llamar de circuito, nos encontramos con la moto de estilo *choppers custom* en la que su conductor nos parece reclinado hacia atrás como si no le importase llegar pronto a donde se dirige. Casi podría decirse que aparenta no tener ni siquiera decidido el sitio a donde va porque en realidad a él o ella, lo que les gusta es ir en moto. Lo que queremos decir es que el circular en moto lo convierte en su forma de vida con numerosos signos, simbología y también lo convierte casi en fetichista por la abundancia de elementos decorativos y que hacen referencia a sus gustos o forma de pensar.

A ESTE MOTORISTA no le preocupa el tiempo de llegada y es feliz recorriendo kilómetros y kilómetros a velocidad moderada, preferentemente por carreteras convencionales que le permiten apreciar los detalles del recorrido y suele hacer frecuentes paradas.

Quienes gustan de practicar este estilo y aunque pueden ir en reducida compañía de uno o dos compañeros solamente, sí que les gusta la multitud y aprovechan las ocasiones de enrolarse en agrupaciones numerosas.

Cada cual elige el estilo que más le atrae y muchas veces no es algo pensado concienzudamente y obedece más al buen instinto que a una planificación compleja de ventajas e inconvenientes. TODOS LOS ESTILOS SON BUENOS, cada cual ha de elegir el que más se identifique con él.

A pesar de eso no está de más un ligero análisis de los orígenes de cada uno de ellos, puesto que tradicionalmente el gusto europeo (también por estilo de vida) se ha identificado con la moto de "carretera", con la POSTURA DE CONDUCCION HACIA DELANTE, por la afición histórica a la competición en circuitos.

La más reciente POSTURA VERTICAL se corresponde con una conducción eminentemente de visión práctica de las cosas y pensando en la ECOCONDUCCIÓN más optimizada.

Por último, la POSTURA RECLINADA ATRÁS es la que mejor muestra el estilo de los grandes recorridos lineales rectos, por carreteras poco transitadas sin apenas dificultades y que requieren unos motores de REGULARIDAD LEGENDARIA. ¿Cuál sería el parangón, el modelo de ruta característica? Pues muy fácil, el estilo norteamericano de la conocida RUTA 66. Desde Chicago a Santa Mónica hay distancia suficiente como para demostrar que era posible sustituir el caballo por la motocicleta.

Al paso del tiempo las principales influencias se han mezclado y los gustos y estilos se encuentran interrelacionados entre sí conviviendo en las mismas vías públicas todos ellos sin problema ninguno. CADA CUAL VA EN MOTO COMO QUIERE Y LE GUSTA. ¡Faltaría más!

" NO ES MEJOR LA CONDUCCIÓN DEPORTIVA QUE LA CONDUCCIÓN POR LA VÍA PÚBLICA, SIMPLEMENTE SON DOS COSAS DISTINTAS Y COMPATIBLES "

ANEXO

(Capítulo dedicado a quienes sienten especial interés por la formación porque son FORMADORES o porque han de conducir la moto profesionalmente)

FORMACIÓN

En la formación hay que diferenciar dos aspectos: el profesorado y el alumnado.

Los profesores lo han de ser de FORMACIÓN VIAL (la LEY DE SEGURIDAD VIAL sólo contempla como única figura formativa para impartir enseñanza en materia de CIRCULACIÓN VIAL al PROFESOR DE FORMACIÓN VIAL).

Para esta tarea se selecciona con un perfil que refleje su motivación a la conducción con motocicletas y sensibilizado con la problemática específica del riesgo añadido que supone el manejo de uno de estos vehículos en las VÍAS PÚBLICAS.

El aspecto deportivo no se contempla en este tipo de enseñanza, que se reserva a ASOCIACIONES DEPORTIVAS, FEDERACIONES, etc.

El ámbito de la AUTOESCUELA se ciñe sólo a la CIRCULACIÓN Y SEGURIDAD VIAL en las VÍAS PÚBLICAS y no en vías privadas, circuitos deportivos, etcétera.

LA MOTOESCUELA

Es un centro de formación de nueva implantación que reglamentariamente no se diferencia de la autoescuela tradicional pero que pedagógicamente tiene una clara orientación a la formación ESPECIALIZADA de los vehículos motociclos, incluidos los ciclomotores y bicicletas.

El campo es amplio puesto que requieren una técnica ESPECÍFICA de conducción los mal llamados "QUADS" que no son otra cosa que los denominados en la normativa como CUADRICICLOS o CUATRICICLOS, que las dos acepciones están admitidas para denominar a los vehículos que reúnen la condición de motocicleta pero de CUATRO RUEDAS teniendo que determinar también si son ligeros o no y añadiendo a esto los

SIDECAR con un cochecito adosado y los propiamente auténticos TRICICLOS que pueden ser completamente distintos por su estética, diseño y prestaciones, según estén destinados a transporte de pequeña mercancía en recorrido urbano o por el contrario para hacer largos recorridos en vía interurbana a la máxima velocidad permitida en autopista.

Según el número de ruedas, centro de gravedad, potencia de aceleración, número de ocupantes, camino vecinal, pista forestal y campo, vía urbana o interurbana la TÉCNICA DE CONDUCCIÓN tanto teórica como práctica varía y requiere un complemento formativo que supera lo meramente exigido en la reglamentación para obtener el permiso de conducir.

Esto es lo que ha propiciado la aparición de MOTOESCUELAS, un tipo de centros de formación que tienen en su programa de enseñanza cursos especializados de CONDUCCIÓN

SEGURA, etc. y que ofrecen estos cursos con una tarifa extra o a través de subvenciones de organismos concienciados con la Seguridad Vial.

La MOTOESCUELA, como extensión de la AUTOESCUELA y siempre integrada en ella, requiere de un material específico como CURSOS MULTIMEDIA, SIMULADORES DE CONDUCCIÓN y EXÁMENES OFICIALES diferentes (con un equipaje de protección regulado y aparatos comunicadores entre examinador, profesor y alumno). El profesorado está especializado y sensibilizado para esta tarea.

FORMACIÓN TEÓRICA

El aspirante al permiso de conducir motocicletas necesita una base firme de conocimiento de la normativa común a todos los vehículos y un complemento especial de las llamadas NORMAS ESPECÍFICAS que sólo atañen a la conducción de las motocicletas como, por ejemplo, la forma de inclinarse en las curvas para poder trazarlas, el equipo necesario de protección, etcétera.

En el aula y en su domicilio se proporciona al alumno material pedagógico combinando el tradicional texto en papel y los métodos audiovisuales e informáticos.

El trabajo en casa consiste en que, de forma individual, estudie el texto tradicional en papel donde se recoge el contenido del programa de enseñanza y además puede tener acceso a material complementario como tests, etc. en formato electrónico y que se le puede facilitar a través de un "pendrive" o directamente a través de Internet incluyendo clases "on-line" y videoconferencias.

El trabajo en el aula se centra en exposiciones orales del profesor, apoyándose en material audiovisual, tutorías para resolver las dudas que se presenten y ejercicios de tests de examen en ordenador.

Dicho esto es importante subrayar que si bien es cierto que el objetivo directo es aprobar el examen, hay que ir más lejos y proponemos un segundo objetivo más importante y que consiste en que la formación se debe orientar a APRENDER todo el contenido teórico al máximo y no conformarnos con obtener un aprobado raspado que nos va a permitir acceder al permiso de conducir pero posteriormente nos deja como conductores incompletos y con muchas carencias e incluso prejuicios sobre los conceptos esenciales de la conducción de la motocicleta.

SIMULADORES

Se está imponiendo la técnica de recurrir a SIMULADORES en el proceso de aprendizaje del manejo de todo tipo de vehículos y maquinaria compleja y encontramos ejemplos de esto desde la aeronáutica a la conducción de carros de combate pasando por los vehículos de tracción mecánica de uso civil (camiones, autobuses, turismos y MOTOCICLETAS).

La aparición del simulador se justifica por el hecho de que las prácticas con aviones o vehículos reales son muy costosas y se ha comprobado que una parte de la enseñanza práctica no requiere de la necesidad de un vehículo real y es suficiente con una réplica del mismo (como ejemplo digamos que el aprendizaje de la disposición y postura del cuerpo y el manejo de los mandos no es necesario hacerlo sobre un vehículo real).

En el caso de la MOTOCICLETA todavía es más interesante la fase inicial en un SIMULADOR puesto que la motocicleta de dos ruedas aporta el riesgo añadido de la caída al suelo y familiarizarse con los primeros conceptos de su conducción va a ser mucho más seguro y económico si se hace sobre SIMULADOR. Cada día se están fabricando más reales y efectivos.

Tras esa primera fase en simulador se pasará a la siguiente en vehículo real.

Formación práctica después del simulador

Dos partes bien diferenciadas constituyen la Formación práctica, la primera en PISTA CERRADA o maniobras de destreza y la segunda en VÍAS ABIERTAS AL TRÁFICO en la vía pública. Las dos requieren de un condicionado complejo para poder realizar estas prácticas minimizando el riesgo que conllevan y hacerlas de forma segura.

PISTA CERRADA, destreza o también llamadas de circuito cerrado:

MATERIAL y EQUIPAMIENTO:

Protecciones articulares, calzado apropiado, chaqueta acondicionada para circular en motocicleta y CASCO.

PERSONAL DIDÁCTICO:

Profesor de Formación Vial (no cabe considerar ninguna otra posibilidad como, por ejemplo, monitores, veteranos corredores deportivos de moto, etcétera):

VÍAS ABIERTAS AL TRÁFICO, también llamadas de circuito abierto:

MATERIAL y EQUIPAMIENTO:

Protecciones articulares, calzado apropiado, chaqueta acondicionada para circular en motocicleta y CASCO.

Motocicleta y otro vehículo (turismo o motocicleta) de acompañamiento para el profesor y el examinador y con un sistema de COMUNICACIÓN, por ejemplo vía radio, entre el alumno motorista y el profesor o examinador en su caso.

PERSONAL DIDÁCTICO

(el mismo profesorado de pista cerrada)

Estudio comparado de la formación en la Unión Europea

Es una constante el pensamiento generalizado de que, tanto los Estados Unidos como los países del norte de Europa siempre van por delante de los españoles y son mucho más avanzados.

Las motocicletas, numéricamente hablando y teniendo en cuenta el poder adquisitivo de los países de la Unión Europea y su culto a la SEGURIDAD y a LAS COSAS PRÁCTICAS, comparados con España, desde 1970 han sido mucho más utilizadas en el norte de Europa que entre nosotros y eso crea una diferencia en cuanto a la naturalidad con la que la población ve el fenómeno de la motocicleta en Noruega, Alemania, Francia, etc. Y por el contrario la sensación del ciudadano español que tiene en el subconsciente la idea negativa de la moto con prejuicios y frases como "...VAN COMO LOCOS Y SE VAN A MATAR".

En la Unión Europea el examen es semejante en todos los países que la forman..

En la actualidad es necesario superar un examen muy completo que consta de una prueba teórica de conocimientos COMUNES para todos los permisos, otra de conocimientos ESPECÍFICOS que versa sólo sobre la conducción de motocicletas, una prueba práctica de destreza en una pista con un circuito cerrado y pruebas prácticas de CIRCULACIÓN en vías públicas siendo para las de más alta cilindrada y potencia un recorrido que simule un viaje completo por trazado interurbano.

Tradicionalmente, en España, el acceso a la conducción de motocicletas potentes era cuando se tenía un fuerte sentimiento de AFICIÓN al mundo deportivo de la moto y estas personas, debido precisamente a esa intensa afición, de forma AUTODIDACTA y por motivación propia adquirían grandes conocimientos y una gran preparación en el manejo de la moto. El elevado precio limitaba su uso a sólo estos pocos aficionados que estaban dispuestos a pasar toda clase de sacrificios monetarios y de formación para cumplir su sueño.

Esta alta preparación permitía que la siniestralidad fuese relativamente baja puesto que quienes conducían motos potentes eran muy diestros en su manejo y conscientes de su riesgo.

Es cuando la bonanza económica y el aumento del poder adquisitivo ha permitido el acceso a estas potentes y COSTOSAS máquinas a personas que no habían desarrollado estas habilidades por sí mismos y puesto que el examen de conducir de motocicleta era muy somero y distante del que se hacía en Europa, ACCEDIERON A LA MOTO POTENTE MUCHAS PERSONAS SIN LA FORMACIÓN DEBIDA.

Esto significó un aumento de la siniestralidad que confiamos se vaya corrigiendo en esta nueva generación de conductores que ya han tenido que superar el nuevo examen (anteriormente explicado) y similar al del resto de países de la Unión Europea.

¿Todas las autoescuelas y motoescuelas imparten la misma formación?,

Lo que exige la Reglamentación a todas las autoescuelas por igual

Más formación de lo que exige la reglamentación y que no la imparten todas

Desde el momento en que la ENSEÑANZA DE LA CONDUCCIÓN de vehículos de tracción mecánica está regulada en la Ley de Seguridad Vial es obvio que hay unas normas de obligado cumplimiento sobre las materias y técnicas que se deben impartir en autoescuelas y motoescuelas (que no son otra cosa que autoescuelas especializadas en la formación para conducir motocicletas).

Pero una vez más nos preguntamos: ¿es suficiente con la formación mínima obligatoria o es necesario ampliar esto con más enseñanza que incluya técnicas especiales programadas libremente por cada centro de formación o sería necesario normalizarlas? Podrían hacerse entonces dos niveles, el primero LO OBLIGATORIO y el segundo LO VOLUNTARIO.

Una vez más tenemos que aceptar que la circulación en la VÍA PÚBLICA no puede confundirse con la circulación en CIRCUITOS de VELOCIDAD o especialidades como MOTOCROSS, TRIAL, etcétera.

Cuando hablamos de la conducción HABITUAL por las vías públicas hemos dicho en un capítulo anterior que en la actualidad, en España, tenemos un sistema de pruebas oficiales, el examen de la Dirección General de Tráfico, equiparable al resto de la Unión Europea, por lo que consideramos que esa enseñanza que se recibe en la actualidad es suficientemente buena como para que podamos aceptarla como válida y si además se puede completar con el aprendizaje de técnicas de CONDUCCIÓN ECONÓMICA y CONDUCCIÓN SEGURA para prevenir determinadas situaciones peligrosas, pues entonces mejor que mejor porque optimizamos el objetivo de la SOSTENIBILIDAD del MEDIO AMBIENTE también conduciendo motocicletas.

Cuando hablamos de la conducción SPORT, bien sea en circuito de velocidad, motocross, trial, etc., hablamos de unas técnicas especiales para conductores especiales que quieren dedicar la moto, en ese momento, a una actividad que no se ciñe al mero hecho de usarla de forma práctica como herramienta de trabajo o para el desplazamiento, sino como instrumento que sirve para dar rienda suelta a una afición deportiva y en un entorno adaptado y protegido.

Interesa mucho y no se reiterará lo suficiente el distinguir que una cosa es la vía pública y otra la vía privada o el entorno de la competición deportiva y para ello vamos a finalizar con dos ejemplos:

PRIMER EJEMPLO: En el supuesto de un participante en una competición de velocidad, en el circuito conduce agresivamente para resultar ser el primero pero ese mismo piloto al terminar la prueba deportiva deja esa moto en manos de los mecánicos y marcha a su casa en la moto matriculada para circular por la calle y la carretera y evidentemente no conduce con esa agresividad de hace unas horas.

SEGUNDO EJEMPLO: Podríamos decir "… la gimnasia sueca es a la gimnasia olímpica lo que la moto de *calle* es a la moto de *competición*".

Es decir, que todo el mundo puede hacer gimnasia en cualquier parte pero la práctica de la gimnasia olímpica requiere cualidades e instalaciones especiales. Igualmente todo el mundo puede circular en moto por cualquier vía pública pero la práctica de la competición en moto requiere también cualidades e instalaciones o recorridos especiales.

EL MODELO NORDICO "GDE"
para la formación de conductores

Se ha impuesto en los países nórdicos la postura del eminente psicólogo especializado en materia de circulación de vehículos ESKO KESKINEN, según la cual no es suficiente con transmitir en los centros de formación capacidades, conocimientos de normativa y técnicas de conducción, sino que a todo esto hay que añadir necesariamente ACTITUDES que permitan reflexionar al conductor durante la conducción sobre si está circulando con un nivel de seguridad normal y suficiente o por el contrario está sabiendo reconocer que se aproxima a la línea que separa la conducción segura de una conducción donde se asumen riesgos innecesarios.

Las pruebas, es decir los exámenes para obtener los permisos de conducir en los diferentes países, son las que marcan los conocimientos mínimos necesarios a impartir en los centros de enseñanza. Los aspirantes a dichos permisos de conducir, según nos dice la experiencia, sólo demandan aquello que se les va a pedir obligatoriamente pero son mucho más remisos a aceptar mayor preparación de forma voluntaria si eso representa dedicar más tiempo y esfuerzo de aprendizaje.

Es a partir del año 2000 cuando, especialmente ESKO KESKINEN en la mayoría de sus ponencias en diversos congresos (Congress 2000, Bruselas año 2000) de Seguridad Vial cuando hace mayor insistencia en estas cuestiones que van dirigidas más a la personalidad, comportamientos y actitudes ante la VIGILANCIA de la aparición de una conducción ocasionalmente peligrosa para una vez reconocida saber volver a la conducción segura.

Si transcurridos tantos años, sólo en países como Finlandia, Suecia, Noruega, etc. es donde se considera como herramienta de trabajo el MODELO GDE, es la mejor prueba de la dificultad para implantar en colectivos amplios de población y conductores, métodos de aprendizaje que no sean obligatorios para alcanzar el objetivo de obtener el precepto administrativo del permiso o carnet de conducir.

Confiamos en que la evolución natural que nos lleva a buscar la máxima perfección, permita que en poco tiempo los conductores de motos puedan recibir estos conocimientos complementarios que versan sobre el reconocimiento de riesgos durante la marcha en un viaje.

Futuro de la Formación teórica en la conducción de motocicletas

Así como en la formación práctica se puede llegar a ver próximamente un incremento en el uso de SIMULADORES cada día más perfeccionados, en la formación TEÓRICA se han de usar canales que vayan al CONTENIDO y no al método o la forma de transmitir los conocimientos.

Es más importante LO QUE HAY QUE APRENDER que la forma y técnicas para enseñarlo.

Nos vamos a explicar. Cuando en la enseñanza entran con fuerza los medios AUDIOVISUALES el profesor descubre un instrumento que le facilita mucho la labor de presentación de conocimientos a sus alumnos y esto es una ventaja alcanzada ya hace muchos años con los antiguos proyectores de diapositivas y ahora con los modernos "power-point" y similares métodos informáticos.

Ahora el avance en la formación teórica radica en el CONTENIDO sobre todo en la parte que actualmente más nos preocupa en la circulación vial, el llamado FACTOR HUMANO.

El camino positivo para que se contenga y descienda la SINIESTRALIDAD está no sólo en tener conocimientos sino en que el conductor los utilice y los practique.

Volvemos una vez más a la ÉTICA CIRCULATORIA que no es otra cosa que la ÉTICA aplicada a la circulación, de modo que si la ética consiste en conocer las leyes y además QUERER cumplirlas, la ética circulatoria consiste, por ejemplo, en que no es suficiente saber que NO HAY QUE CAMBIAR DE CARRIL SI SE OBLIGA A OTRO A FRENAR sino que además hay que querer cumplir esta norma.

La formación TEÓRICA ha de avanzar por el camino de las ACTITUDES puesto que lo que hay que conseguir es conductores que no sólo sepan mucho, sino conductores comprensivos, responsables, es decir con EMPATÍA para conducir en la vía pública sin sobresaltos y en una progresión normal que no altere la marcha de los demás usuarios.

EPÍLOGO

Y ahora lo que toca es ir mucho en moto porque tiene muchas ventajas.

Los inconvenientes tenemos que sortearlos o anularlos con nuestra capacidad y sabiduría de motorista y convirtamos, si nos apetece, la conducción de la moto en UNA FORMA DE VIDA como ya han hecho millones de motoristas en todo el mundo desde los años 30 del siglo pasado.

Disponemos ahora de una tecnología que nos ayuda a superar inconvenientes mecánicos tradicionales y que aumenta la seguridad en el manejo de la moto. Sepamos aprovechar todo esto y la moto nos dará divertidos y felices momentos, que es lo que os deseamos a todos vosotros.

NO ES MEJOR LA CONDUCCIÓN DEPORTIVA QUE LA CONDUCCIÓN POR LA VÍA PÚBLICA, SIMPLEMENTE SON DOS COSAS DISTINTAS Y ¡¡¡¡COMPATIBLES!!!

Datos del autor:

JOSE LUIS MAZON, ha participado en multitud de congresos, seminarios, mesas de trabajo, reuniones de expertos, jornadas formativas, pruebas de vehículos y sistemas de seguridad y nuevas técnicas de conducción.

- DIRECTOR DE FORMACION VIAL
- PROFESOR DE FORMACION VIAL
-FORMADOR DE FORMADORES DE ECOCONDUCCION (Conducción Eficiente)
-FORMADOR DE FORMADORES DE CONDUCCION SEGURA (Evasiva)
DIRECTOR DE MOTOESCUELA

41 años de dedicación a la DOCENCIA de la Seguridad Vial

joseluismazontirapo@gmail.com

www.ingramcontent.com/pod-product-compliance
Lightning Source LLC
Chambersburg PA
CBHW061053250726
48653CB00001B/374